Come Disegnare

personaggi carini della moda 50

Barbara Press

QUESTO LIBRO APPARTIENE A:

....

....

personaggi carini della moda

Come utilizzare questo libro,

Tutto ciò di cui hai bisogno per iniziare è un pezzo di carta, una matita e una gomma, ma sentiti libero di usare qualsiasi strumento tu voglia, per disegnare i personaggi più teneri e potrai nominarli dopo averli disegnati nelle pagine di allenamento.

Disegnamo: ....

1
2
3
4
5
6
7
8
9
10

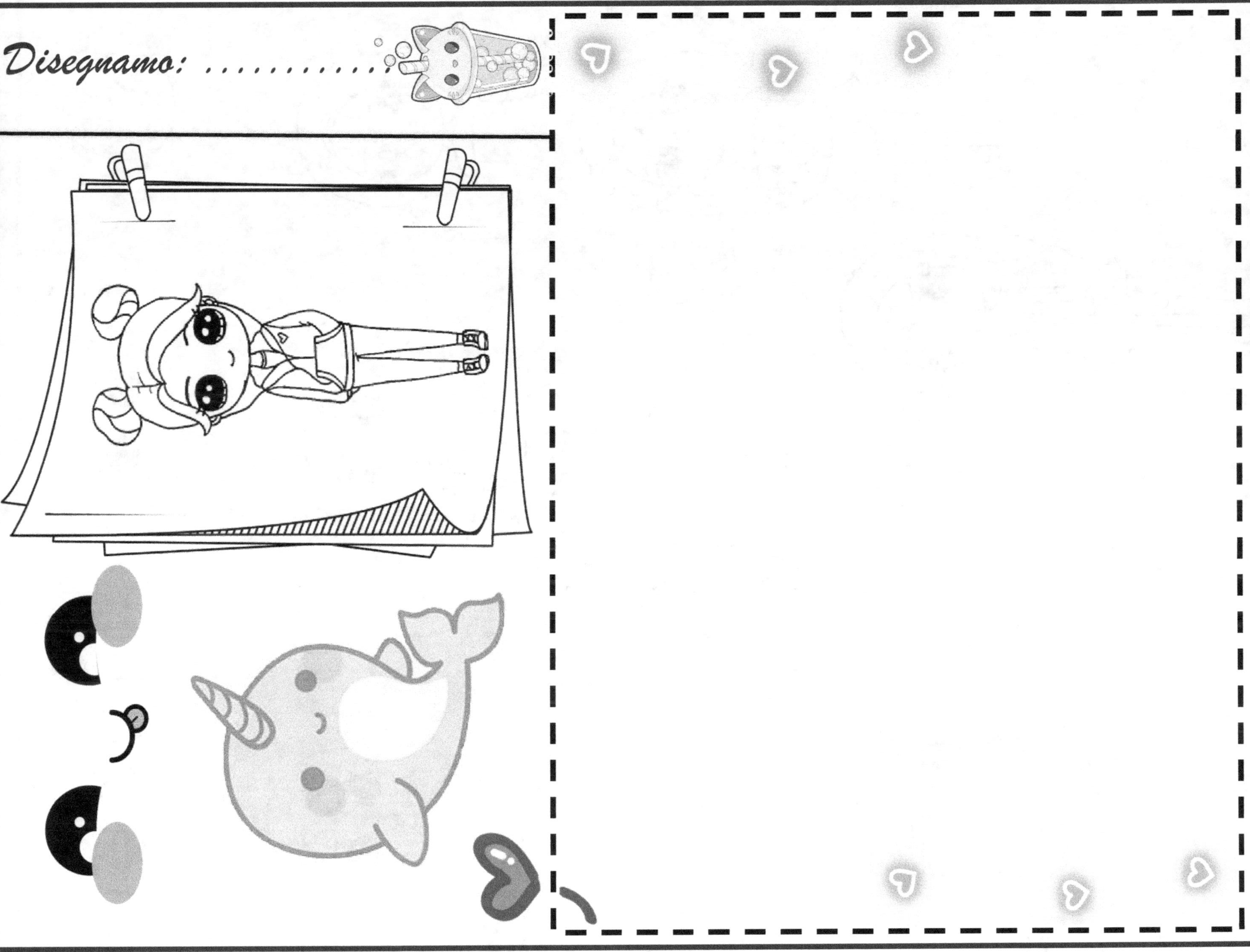

Disegnamo: ....

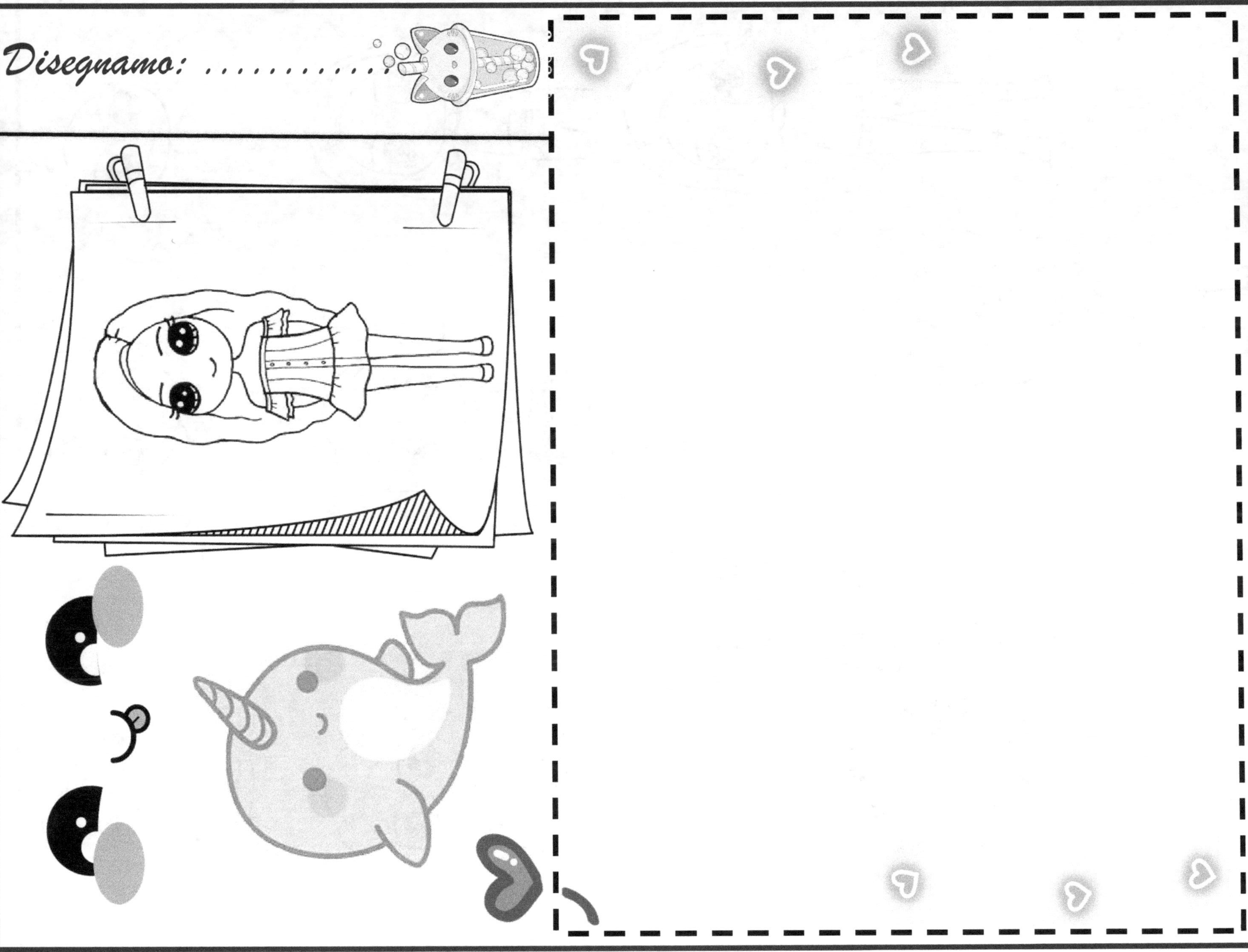

Disegnamo: ....

1
2
3
4
5
6
7
8
9
10

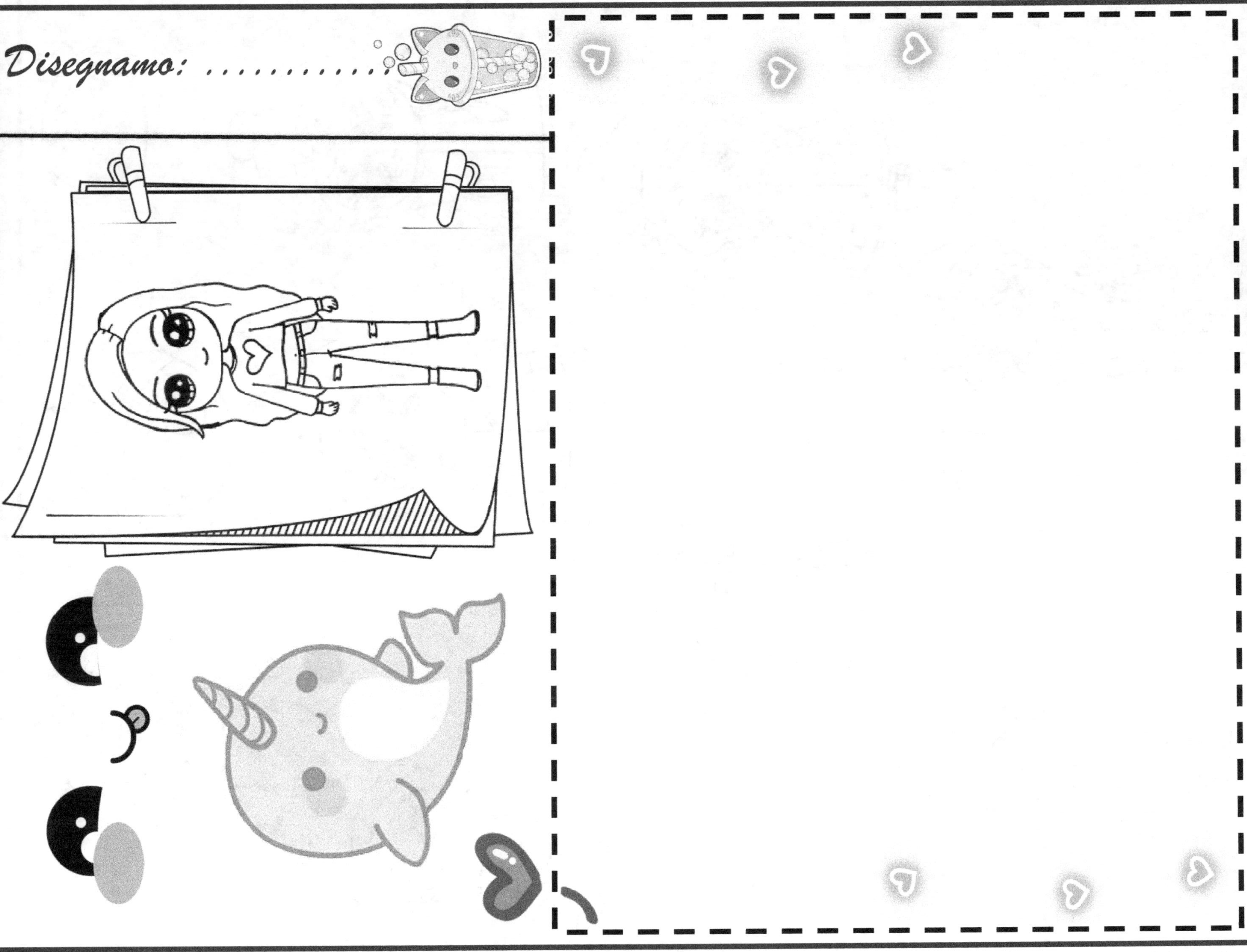
Disegnamo: ....

Disegnamo: ....

1
2
3
4
5
6
7
8
9
10

Disegnamo: ....

Disegnamo: ....

Disegnamo: . . . .

Disegnamo: ....

Disegnamo: ....

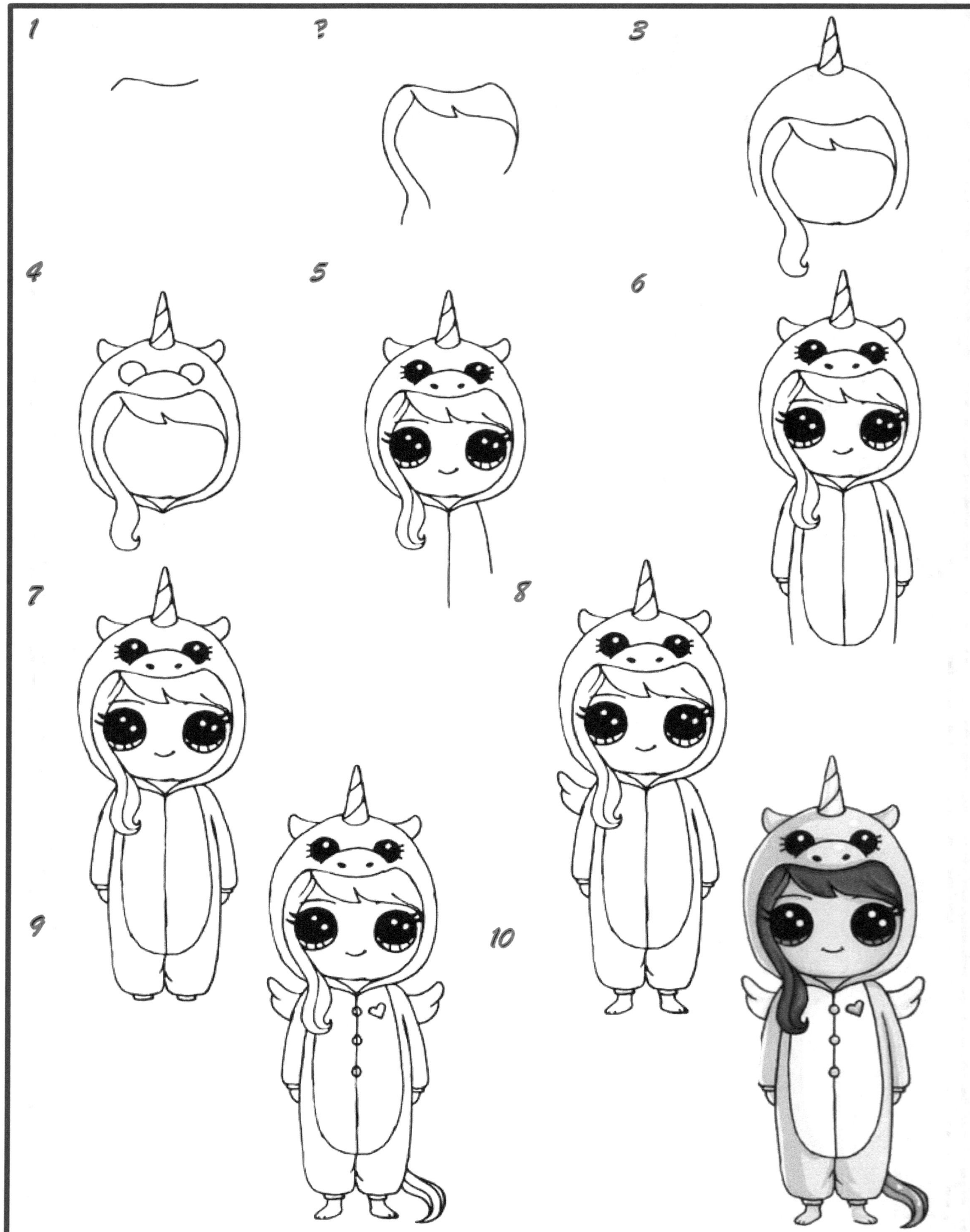

1
2
3
4
5
6
7
8
9
10

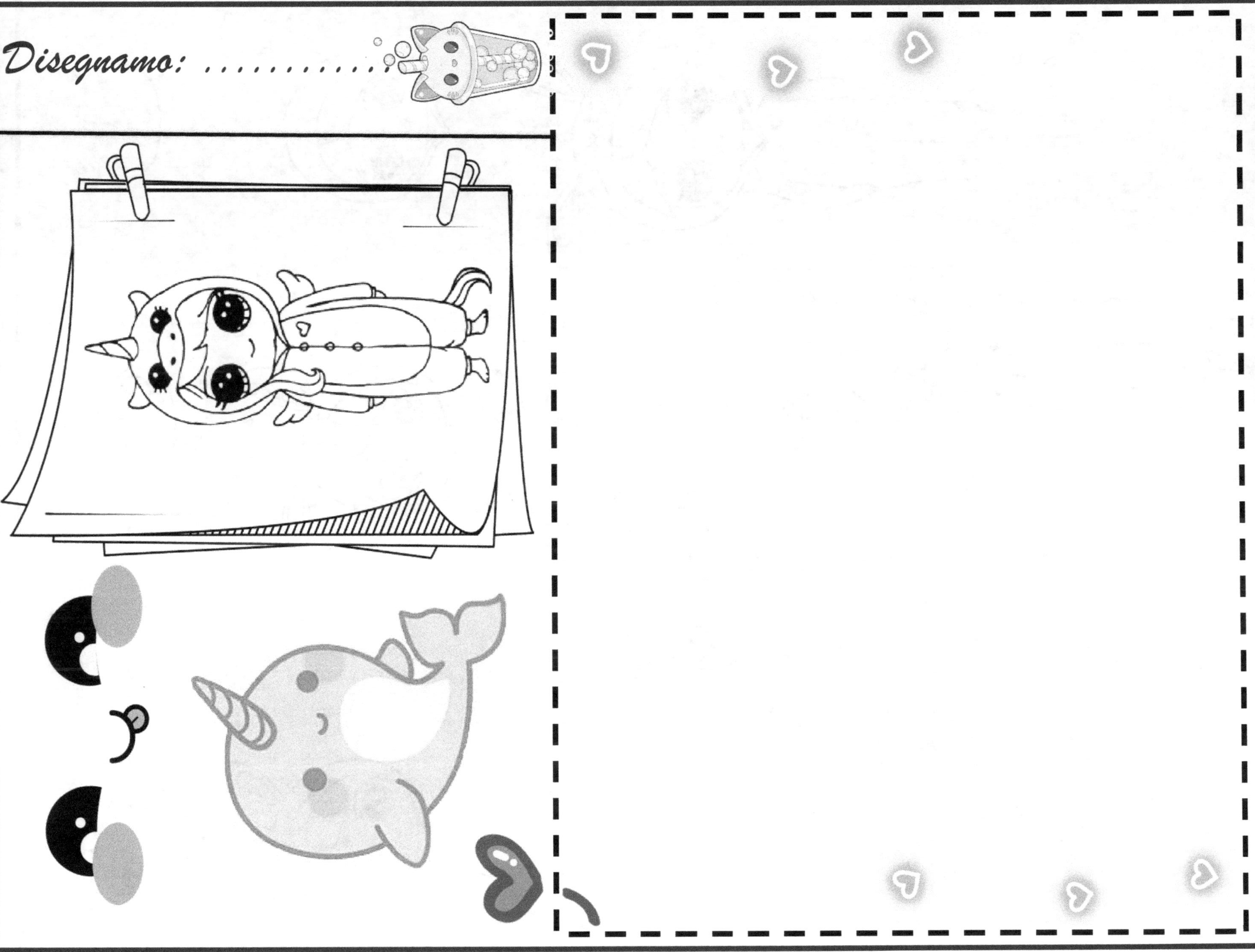

Disegnamo: ....

Disegnamo: ....

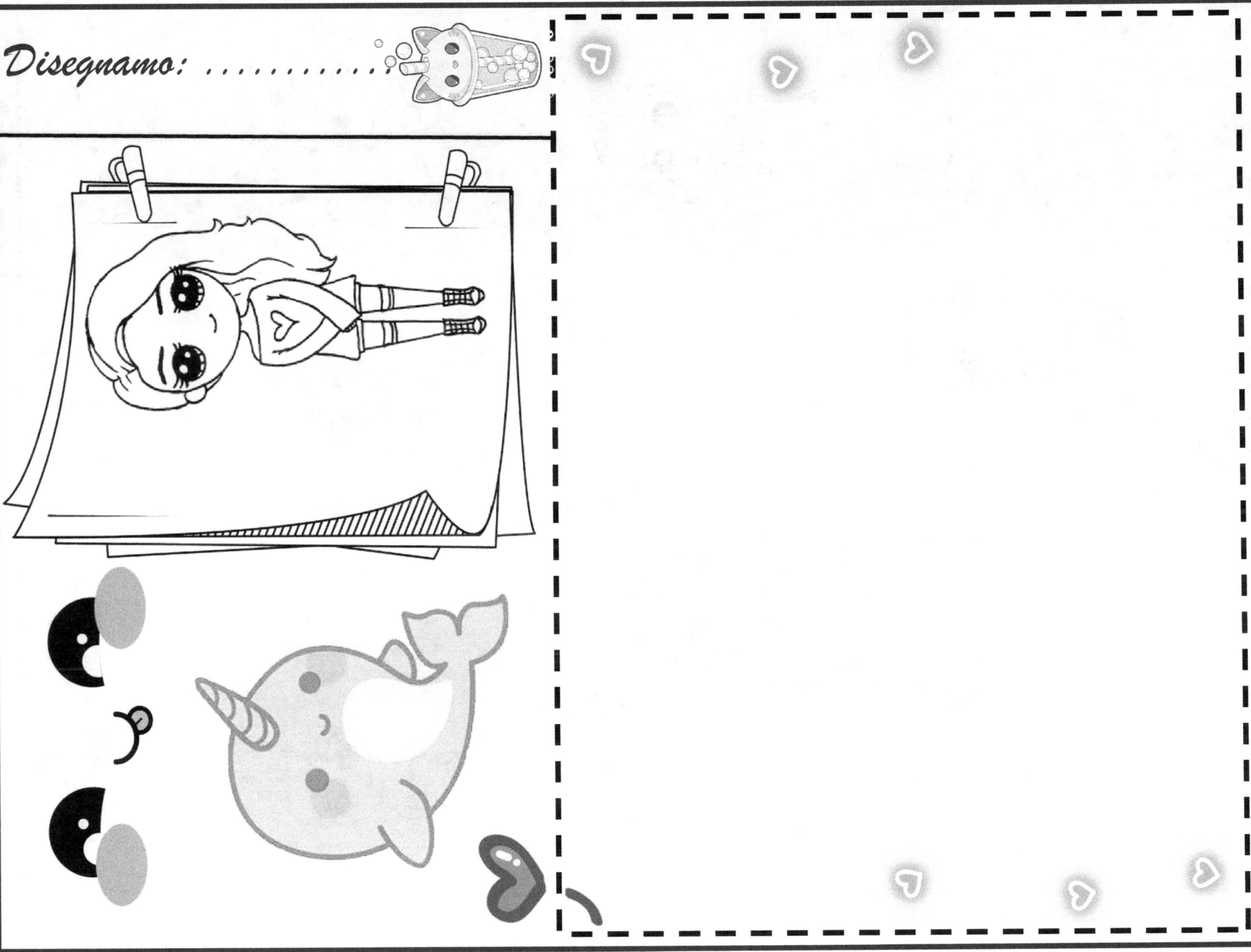

Disegnamo: ....

Disegnamo: ....

1
2
3
4
5
6
7
8
9
10

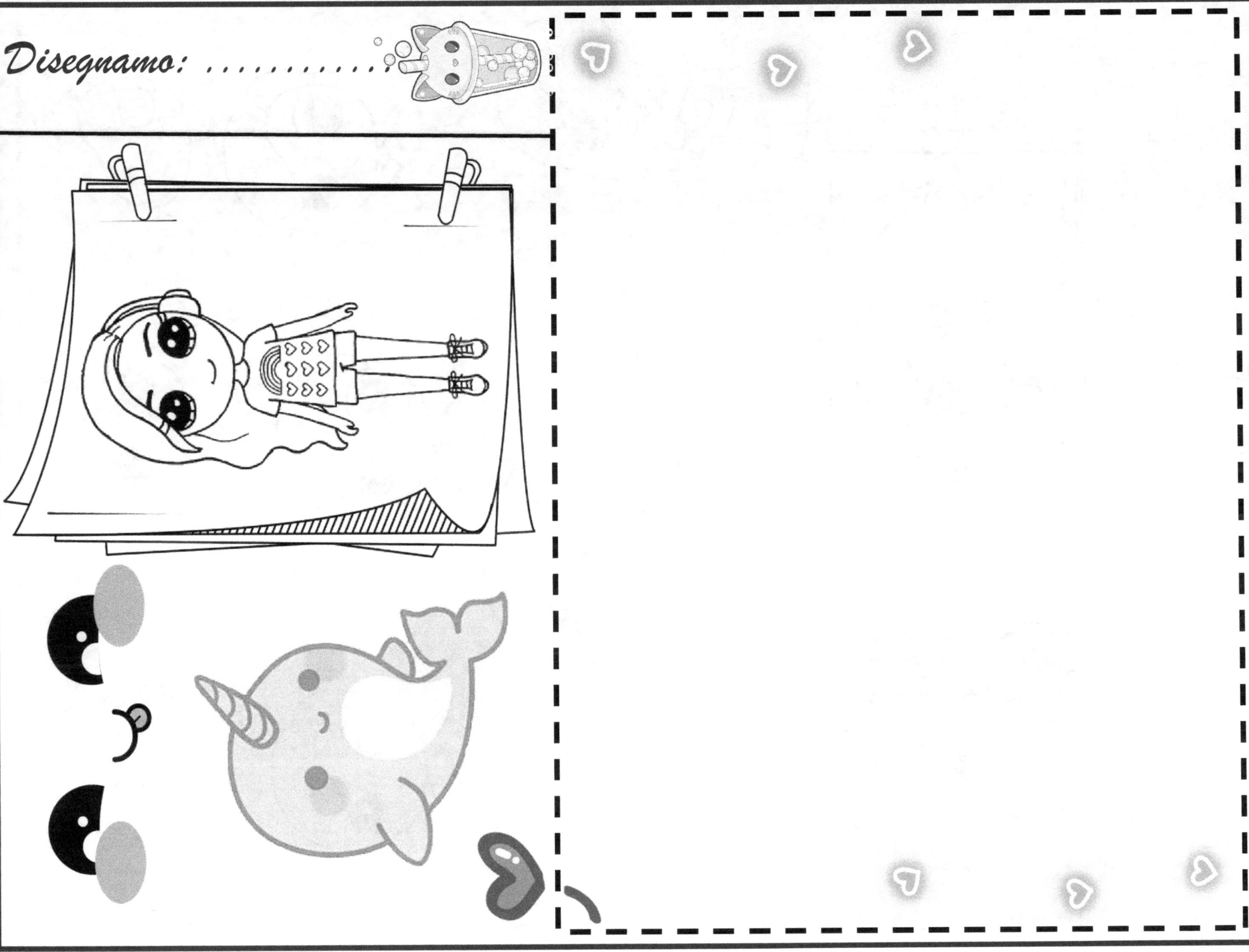

Disegnamo: . . . .

1
2
3
4
5
6
7
8
9
2+2
10
2+2

Disegnamo: ....
2+2

Disegnamo: ....

1
2
3
4
5
6
7
8
9
10

Disegnamo: ....

1
2
3
4
5
6
7
8
9
10

Disegnamo: ....

Disegnamo: ....

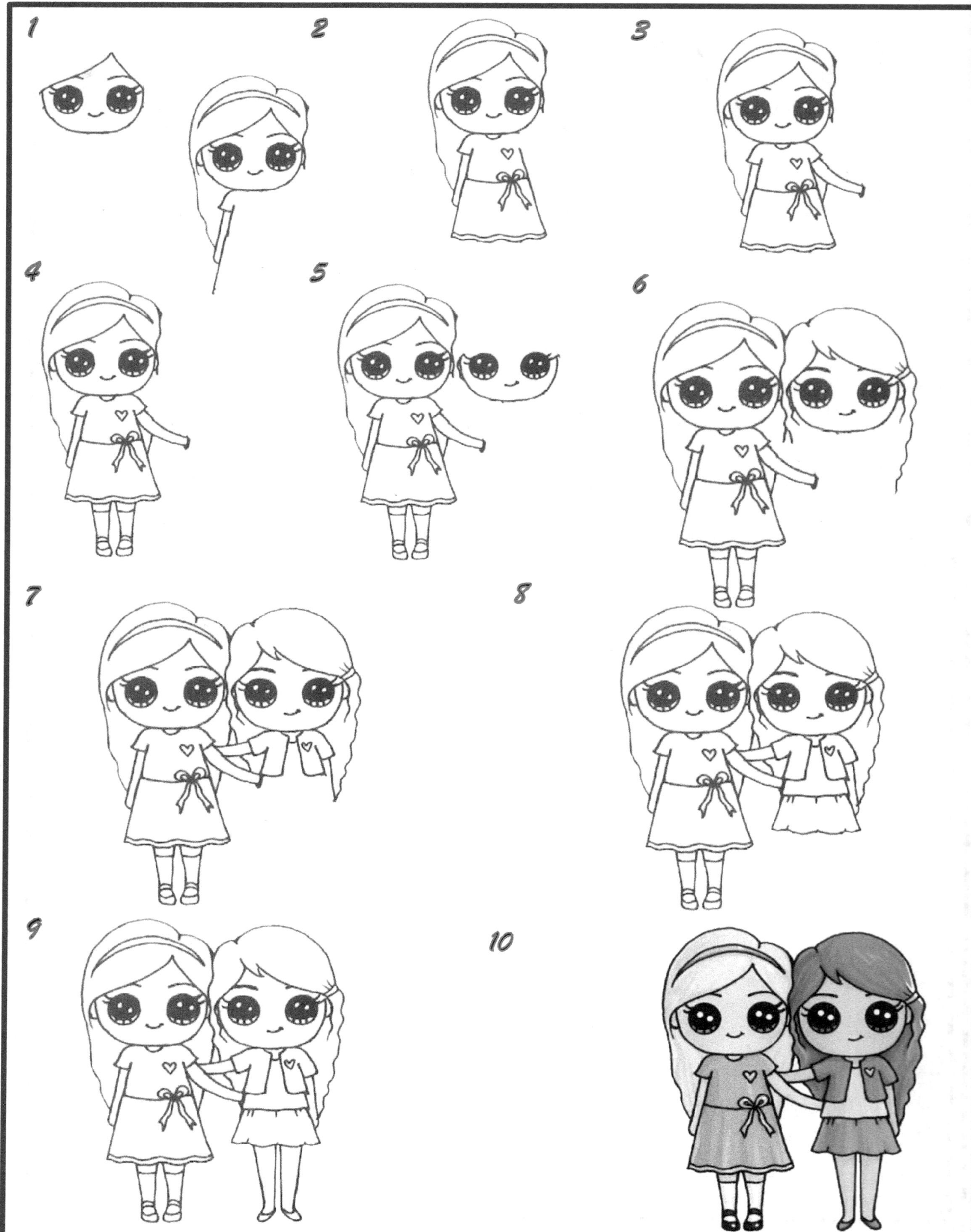

1
2
3
4
5
6
7
8
9
10

Disegnamo: ....

1
2
3
4
5
6
7
8
9
10

Disegnamo: ....

1
2
3
4
5
6
7
8
9
10

Disegnamo: ....

1
2
3
4
5
6
7
8
9
10

Disegnamo: ....

Disegnamo: ....

1
2
3
4
5
6
7
8
9
10

Disegnami:........

Disegnami: ....

10
11
12
13
14
15

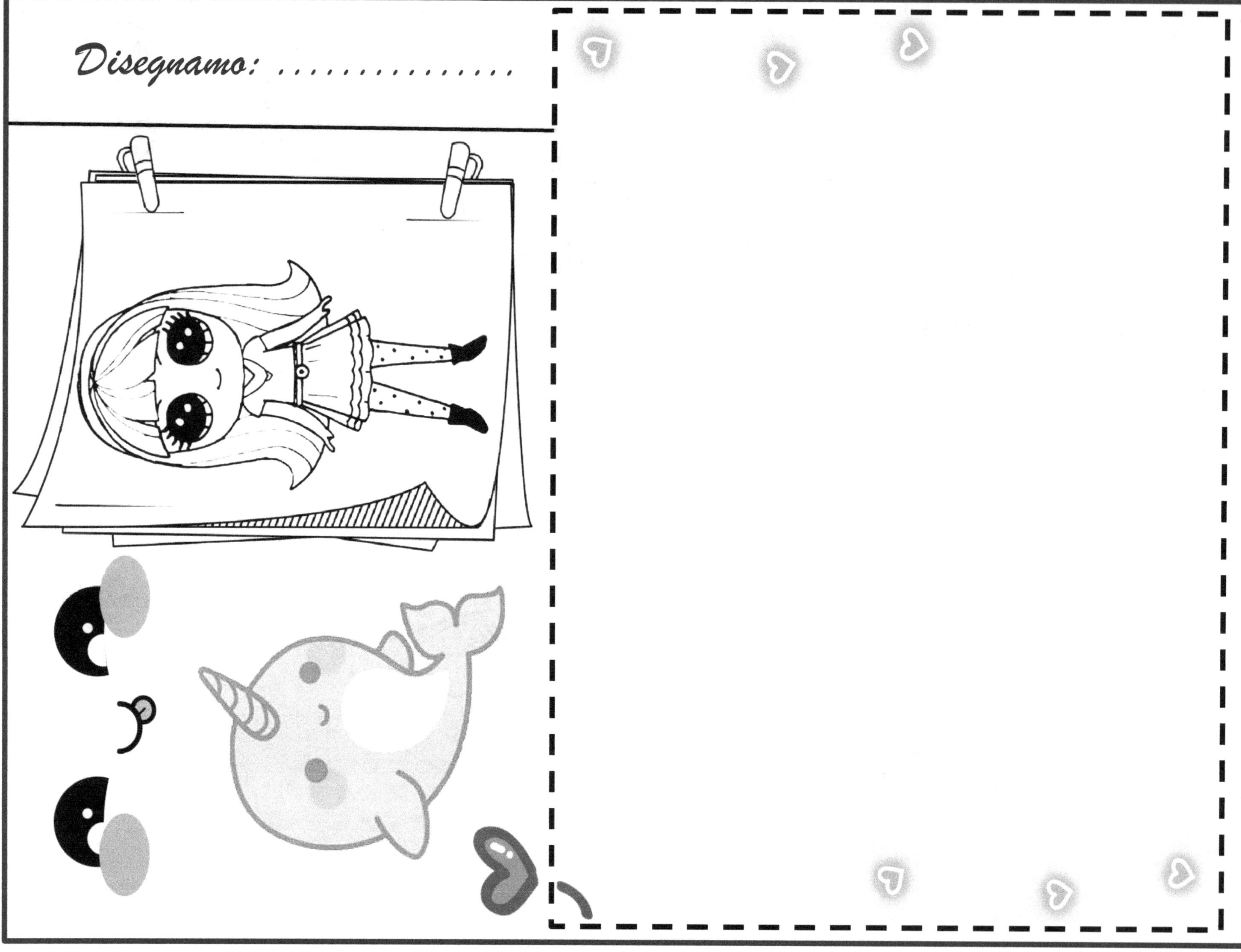
Disegnamo: ....

1
2
3
4
5
6
7
8
9
10

Disegnamo: ....

1
2
3
4
5
6
7
8
9

Disegnamo: ....

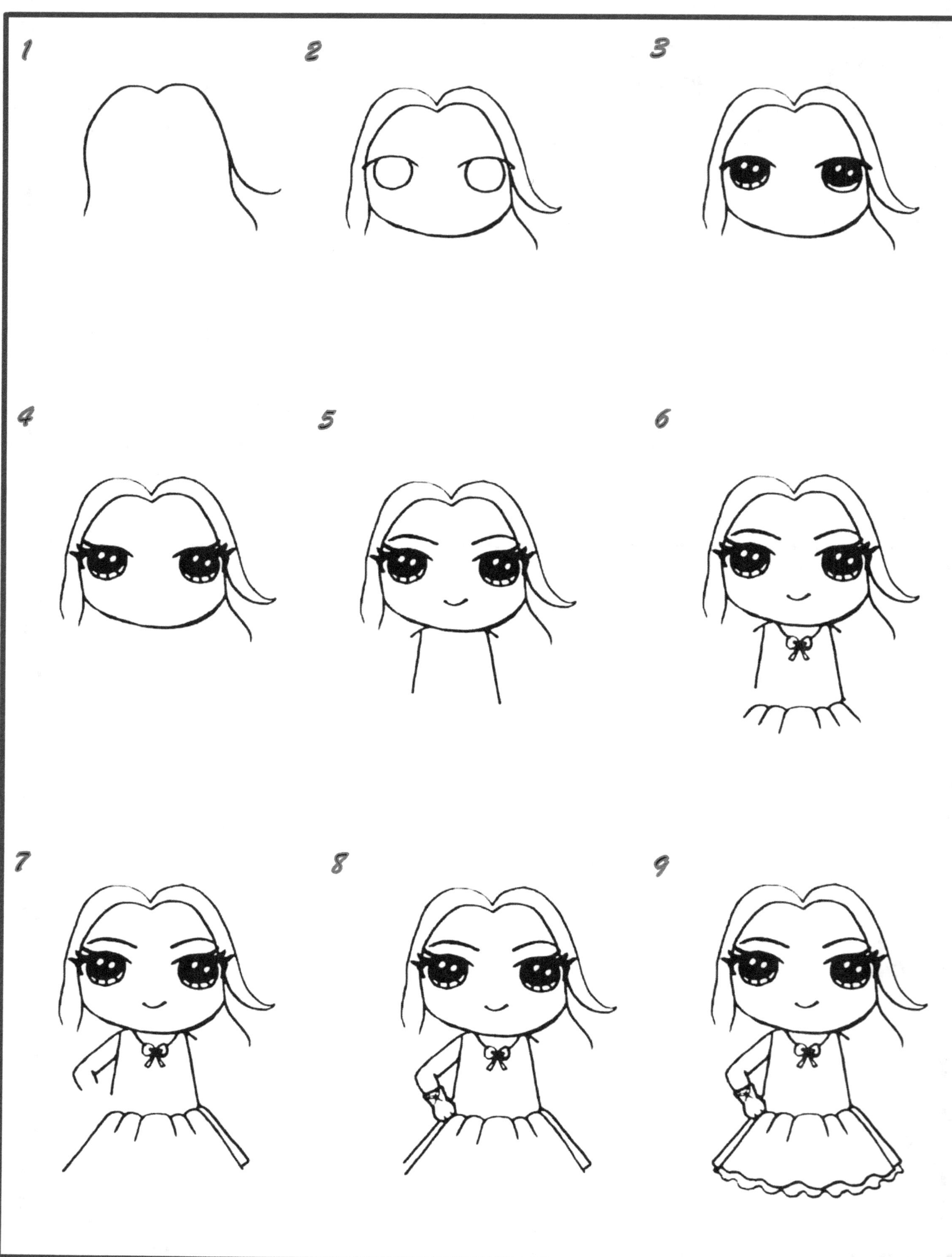

1
2
3
4
5
6
7
8
9

10
11
12
13
14
15

Disegnamo: ....

10
11
12
13
14
15

Disegnamo: ....

1
2
3
4
5
6
7
8
9

10

11

12

13

14

15

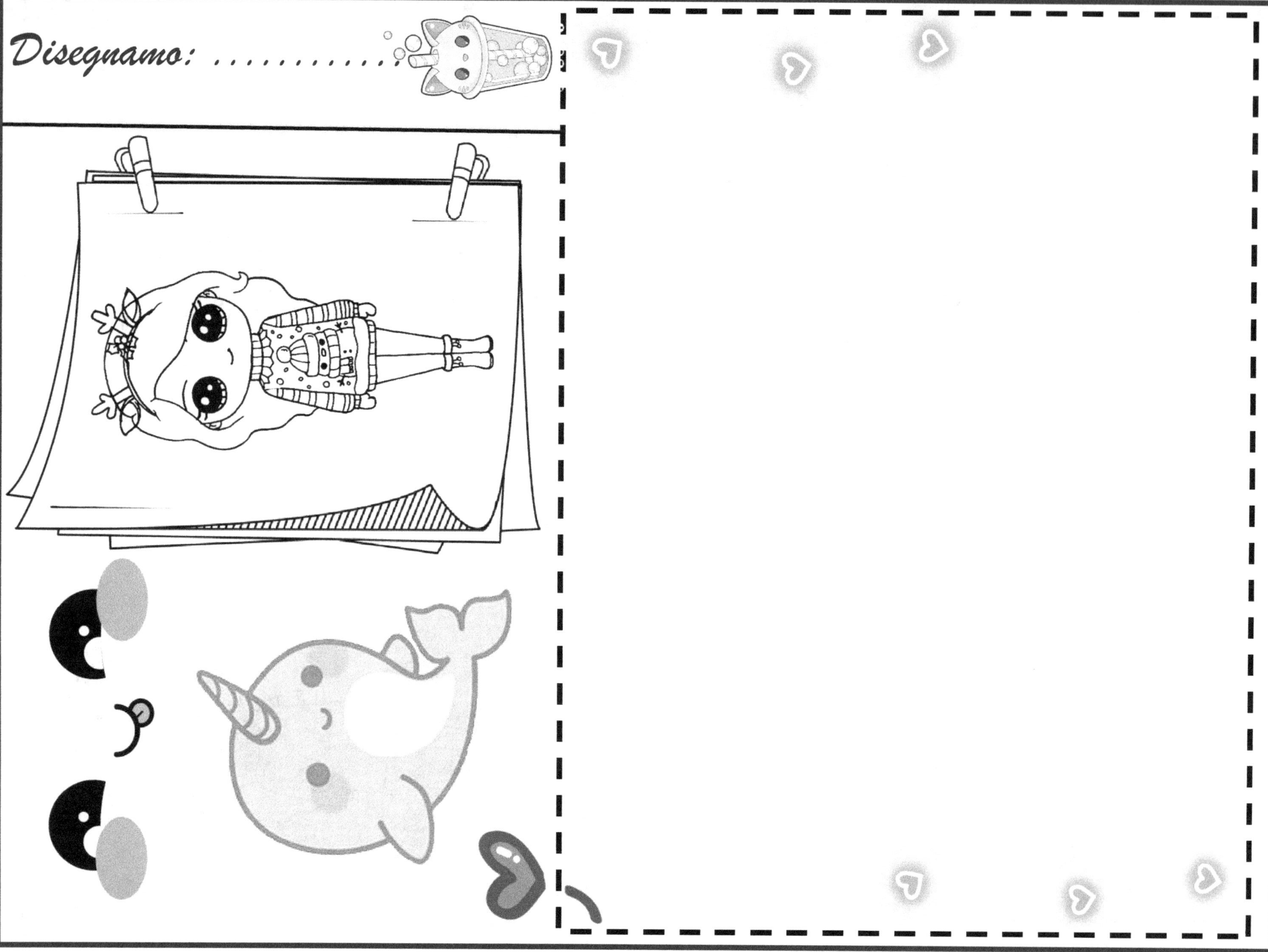

Disegnamo: ....

1

2

3

4

5

6

7

8

9

10
11
12
13
14
15

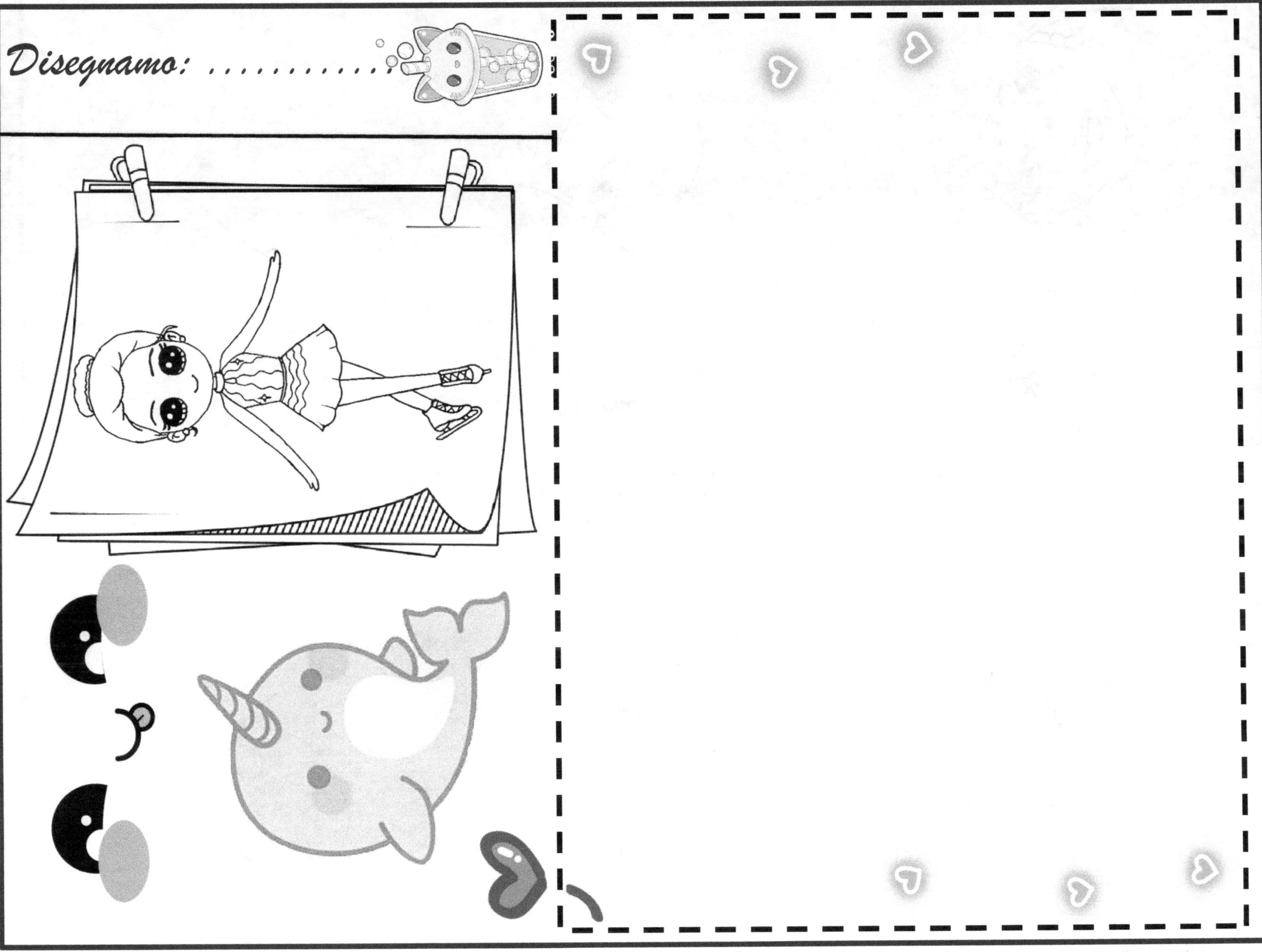

Disegnamo: ....

10
11
12
13
14
15

Disegnamo: ....

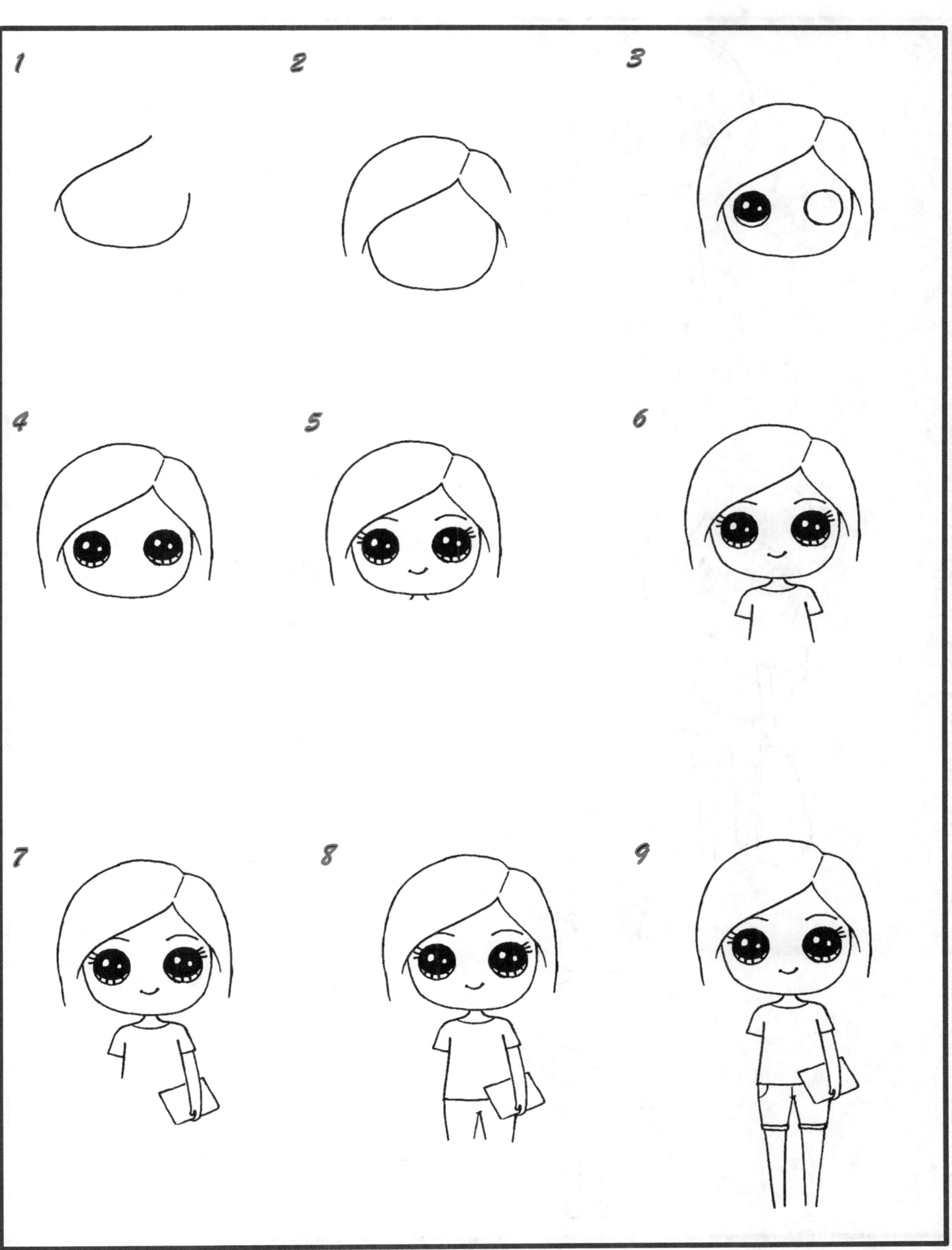
1
2
3
4
5
6
7
8
9

10
11
12
13
14
15

Disegnamo: ....

10
11
12
13
14
15

Disegnamo: ....

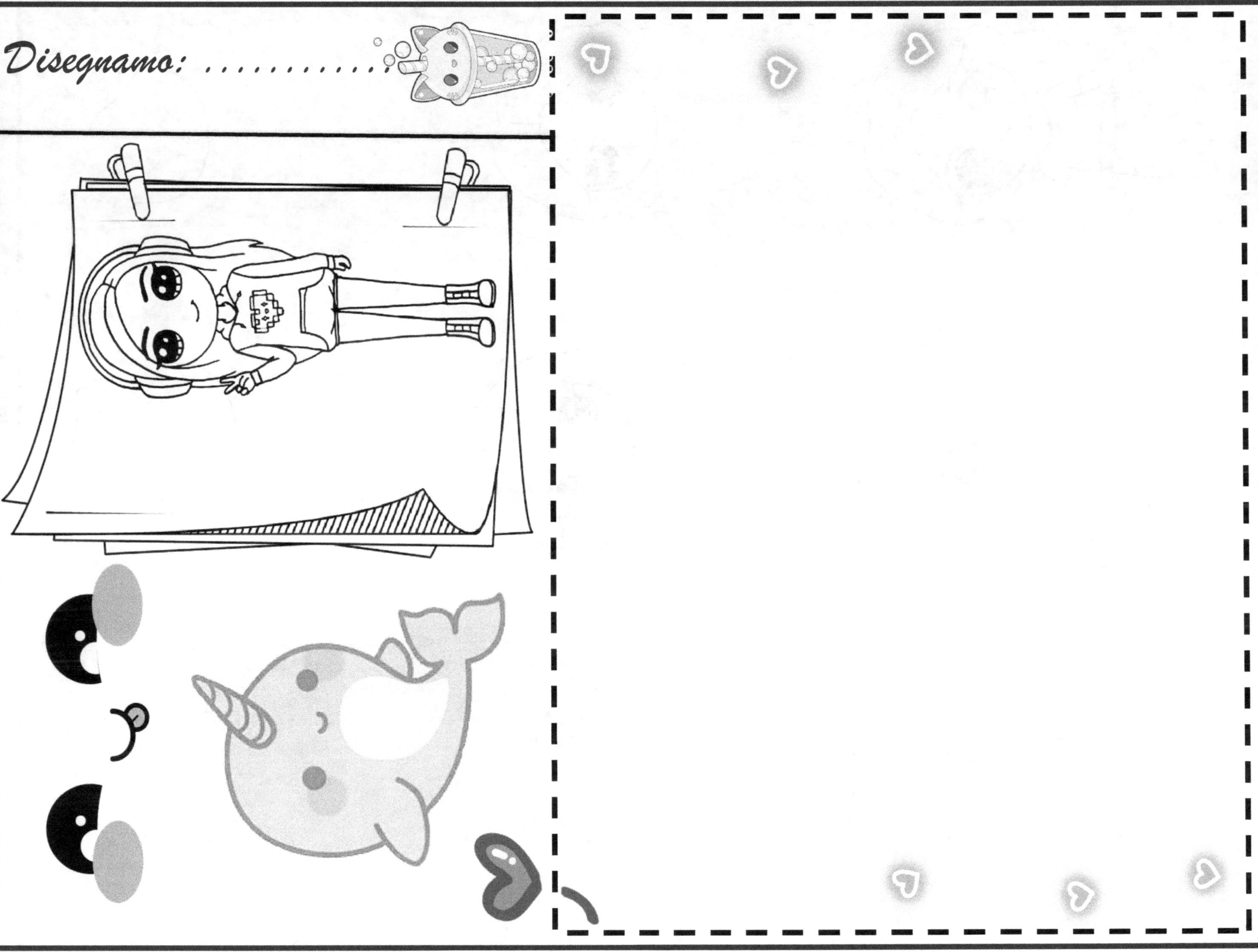

Disegnamo: ....

1
2
3
4
5
6
7
8
9

10
11
12
13
14
15

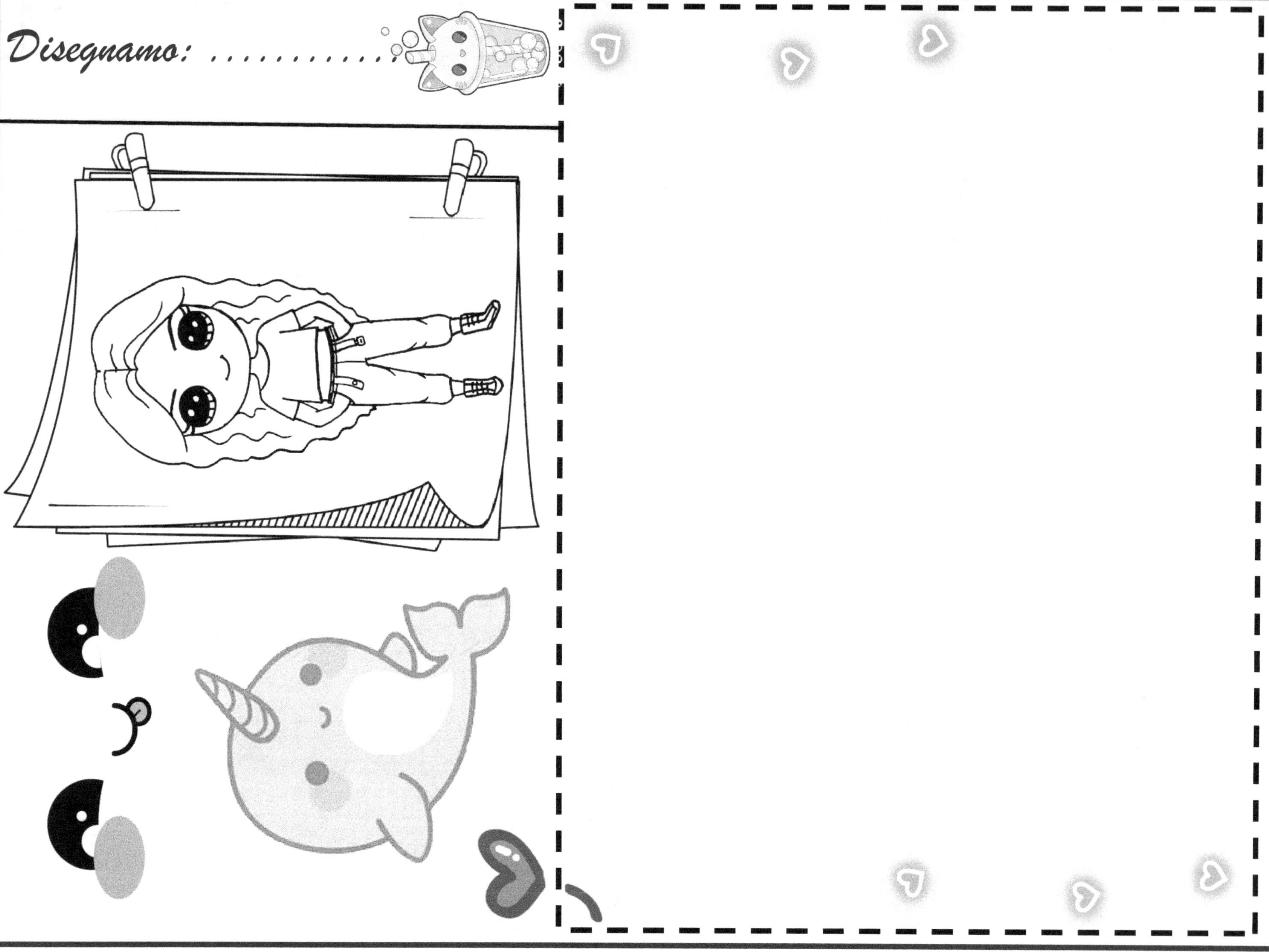

Disegnamo: ....

1
2
3
4
5
6
7
8
9

10
11
12
13
14
15

Disegnamo: ....

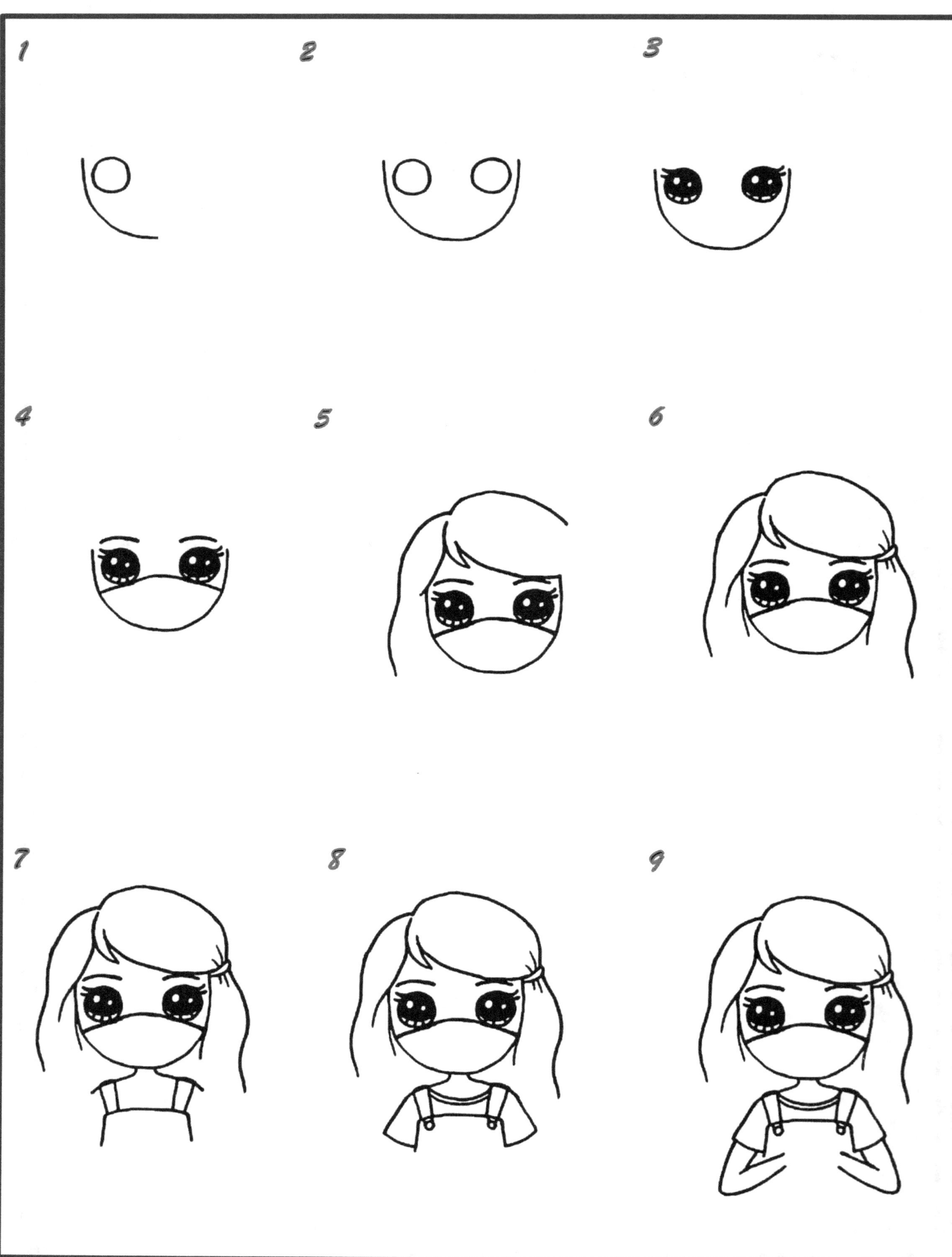

1
2
3
4
5
6
7
8
9

10
11
12
13
14
15

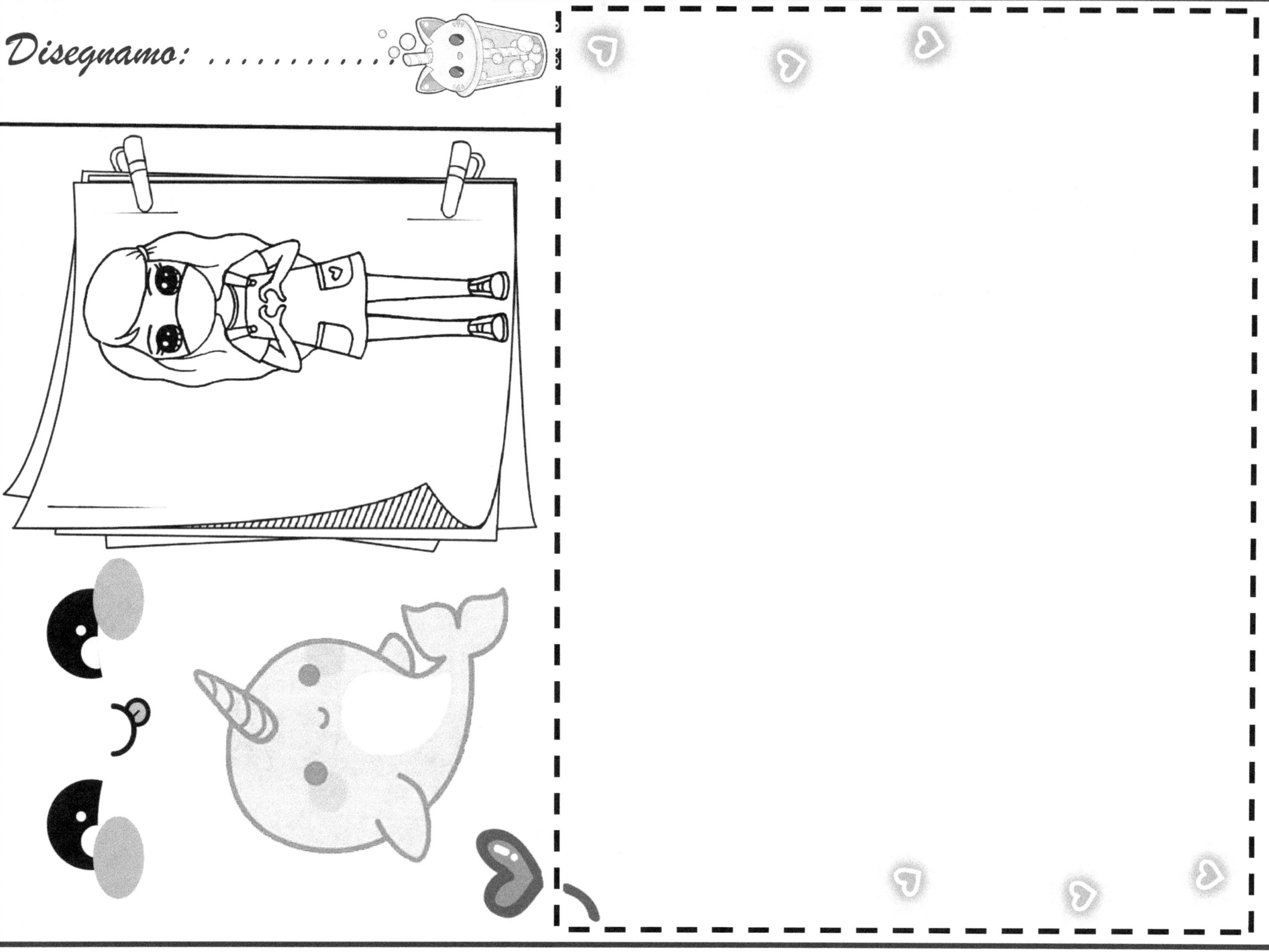
Disegnamo: ....

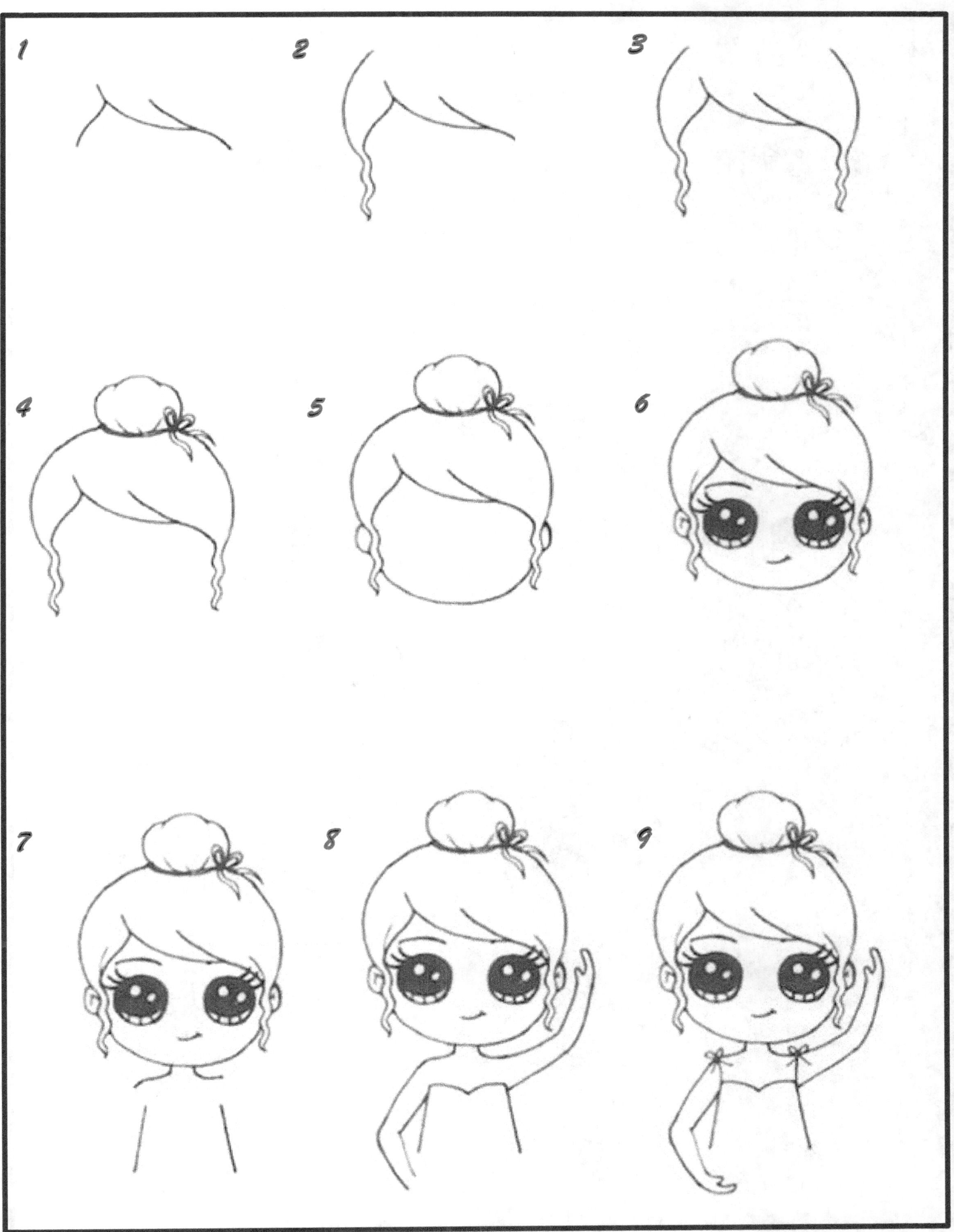

10
11
12
13
14
15

Disegnami: ....

1
2
3
4
5
6
7
8
9
10

Disegnamo: ....

1
2
3
4
5
6
7
8
9
10

Disegnami: ....

1
2
3
4
5
6
7
8
9
10

Disegnamo: ....

1
2
3
4
5
6
7
8
9
10

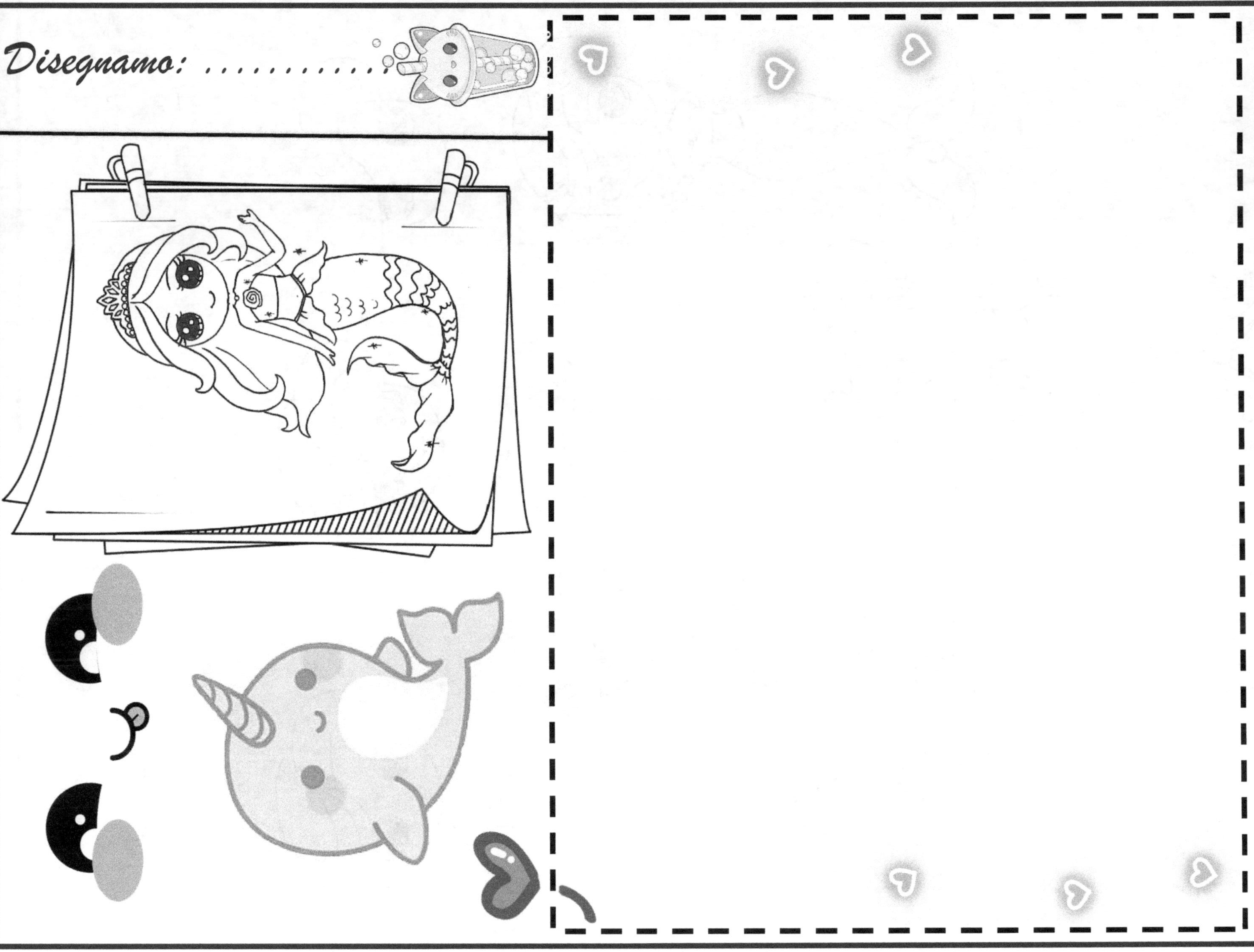

Disegnamo: ....

Disegnamo: ....

1
2
3
4
5
6
7
8
9
10

Disegnamo: ....

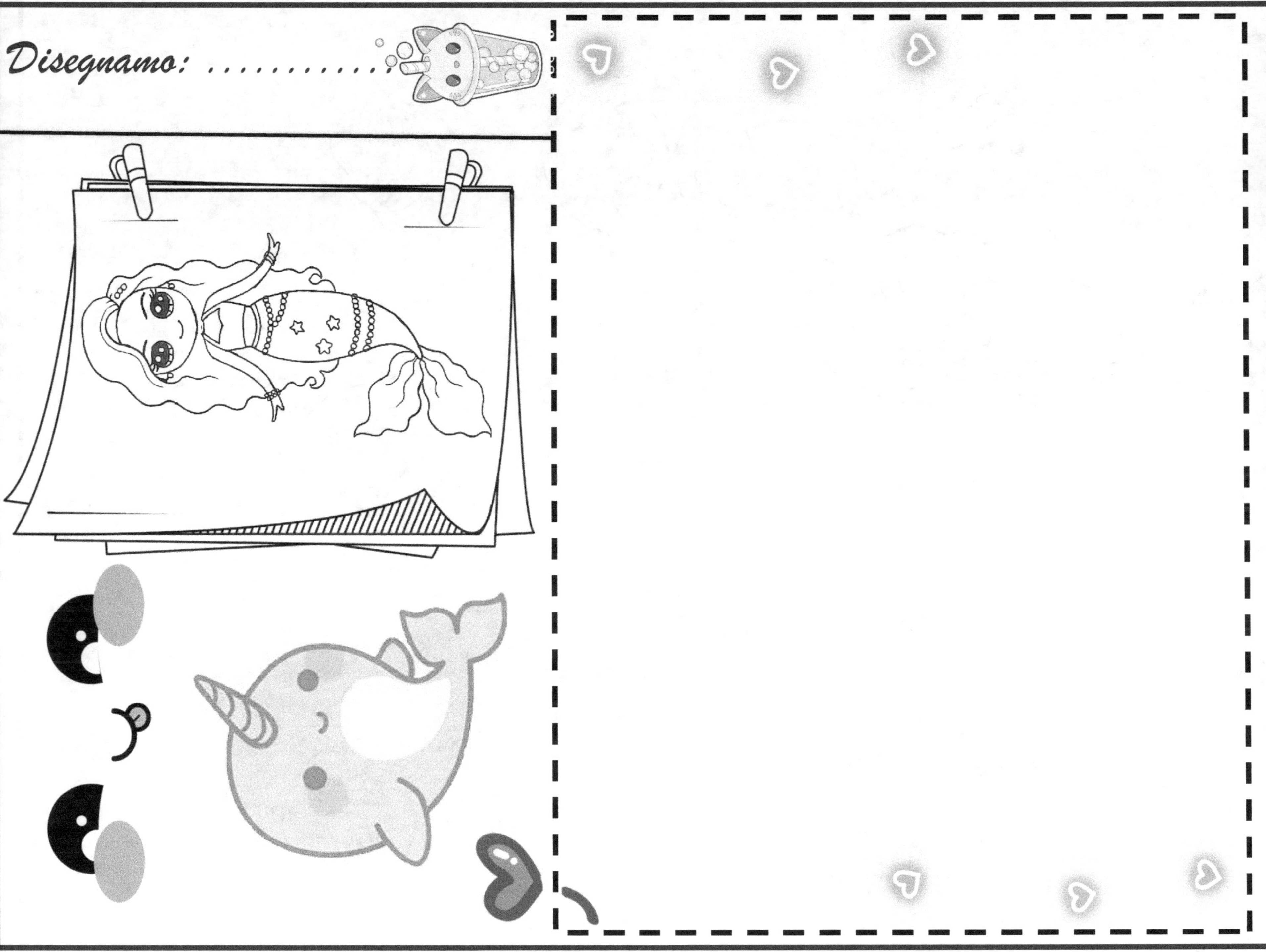
Disegnamo: ....

1
2
3
4
5
6
7
8
9
10

Disegnamo: ....

1
2
3
4
5
6
7
8
9
10

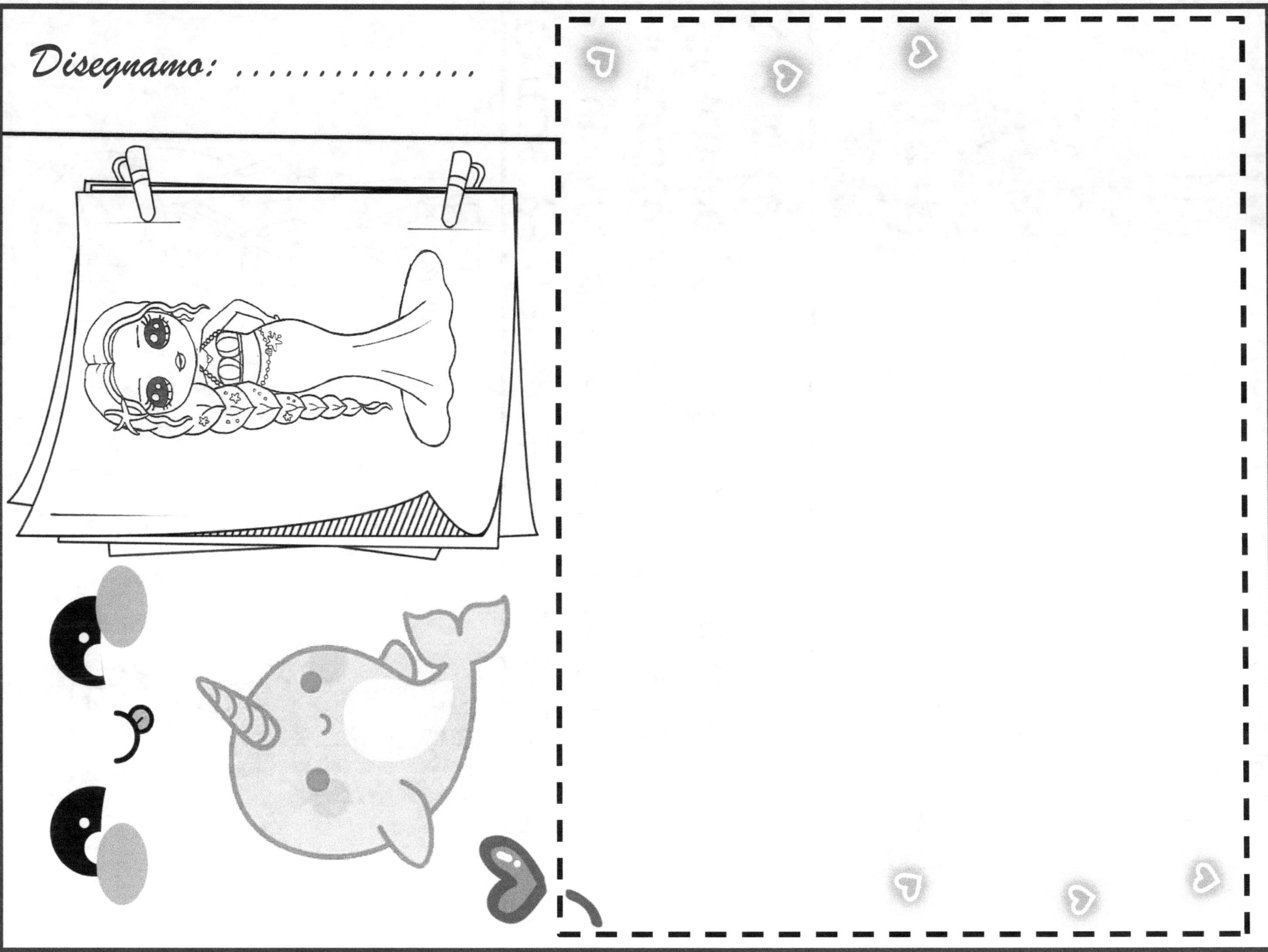
Disegnamo: ....

Grazie per aver scelto questo libro. Ci auguriamo che ti sia piaciuta ogni pagina di questo libro e che tu abbia imparato a disegnare passo dopo passo e a creare la tua arte.